ΒΡΕΣ ΧΡΟΝΟ

ΓΙΑ ΤΟΝ ΕΑΥΤΟ ΣΟΥ!

Ruth Fishel

ΒΡΕΣ ΧΡΟΝΟ
ΓΙΑ ΤΟΝ ΕΑΥΤΟ ΣΟΥ!

Σκίτσα
Bonny Van de Kamp

Μετάφραση
Ηρώ Τριάντη

ΕΚΔΟΣΕΙΣ ΚΡΙΤΙΚΗ

ΖΗΝ α.α. 16

1η έκδοση: Μάιος 2005

Ruth Fishel, *Βρες χρόνο για τον εαυτό σου!*
Ruth Fishel, *Take time for yourself*

Εκδόσεις Κριτική
Βιβλιοπωλείο: Νευροκοπίου 8, 118 55 Αθήνα, τηλ. 210 34 69 302
e-mail: biblia@kritiki.gr
www.kritiki.gr

ISBN 960-218-413-2

Το βιβλίο αφιερώνεται στη Lee Casson Haase (1904-1973) και στον Nathan Haase (1901-1994), στη μητέρα και στον πατέρα μου που πίστεψαν σε μένα και μου έδωσαν κουράγιο. Η μητέρα μου, μια ειρηνοποιός, στήριξε όλες τις δημιουργικές μου ιδέες, όπως και ο πατέρας μου που μοιράστηκε μαζί μου την αγάπη του για τη φύση και τις υπαίθριες δραστηριότητες, και μου μετέδωσε τη χαρά της άθλησης.

ΠΕΡΙΕΧΟΜΕΝΑ

Αγαπητή αναγνώστρια 11

ΜΕΡΟΣ 1ο

Βρες χρόνο για τον εαυτό σου! 15

ΜΕΡΟΣ 2ο

Δείξε εκτίμηση στον εαυτό σου 63

ΜΕΡΟΣ 3ο

Συμφιλιώσου με τον εαυτό σου 121

ΜΕΡΟΣ 4ο

Επικοινωνία με τον εαυτό σου 173

Αγαπητή αναγνώστρια

Είναι καιρός για σένα! Δεν αισθάνεσαι όμορφα; Είναι καιρός να βρεις χρόνο για τον εαυτό σου, να πλησιάσεις τον εαυτό σου, να συμφιλιωθείς με τον εαυτό σου και να εκτιμήσεις τον εαυτό σου.

Ξέρεις πράγματι τι θέλεις από τη ζωή σου; Ξέρεις πράγματι τι είναι σημαντικό και πώς μπορείς να το πετύχεις;

Ίσως πιστεύεις πως θέλεις λεφτά, αναγνώριση, φήμη ή το ωραιότερο ταίρι. Ίσως πιστεύεις πως θέλεις μεγάλο σπίτι ή μεγάλες δουλειές ή μεγάλους τραπεζικούς λογαριασμούς. Ίσως πιστεύεις πως όταν τ' αποκτήσεις όλα αυτά θα είσαι ευτυχισμένη. Όμως κοίταξε λίγο πιο πέρα απ' αυτά. Κοίταξε λίγο πιο βαθιά. Πιστεύεις ότι αυτά τα «πράγματα» θα σου χαρίσουν γαλήνη, χαρά, ασφάλεια, άνεση, υγεία, αγάπη; Όταν τ' αποκτήσεις όλα αυτά, τι θα κάνεις μετά; Θα αισθάνεσαι ικανοποίηση και καταξίωση; Και πόσο μπορούν να κρατήσουν αυτά τα αισθήματα;

Από την εμπειρία μου με τους ανθρώπους που έχω δουλέψει κατάλαβα ότι οι περισσότεροι, όταν κοιτάξουν βαθιά μέσα τους, έχουν σχετικά απλές επιθυμίες. Μετά την ικανοποίηση των βασικών αναγκών της τροφής και της στέγης, καταλαβαίνουν επιτέλους τις βαθύτερες ανάγκες τους: ν' αγαπήσουν και ν' αγαπηθούν, να ανήκουν, να γνωρίσουν και να εκφράσουν τη δημιουργικότητά τους, να μάθουν ότι η ζωή τους έχει ένα σκοπό.

Η ουσία είναι ότι θέλουμε να αισθανθούμε καλά μέσα μας. Θέλουμε να έχουμε σχέσεις αγάπης. Θέλουμε να έχουμε ένα καλό σύντροφο ή ένα καλό γάμο. Θα θέλαμε οικονομική εξασφάλιση. Ξέρουμε ότι δεν θέλουμε το φόβο, τον πόνο, την πίεση, την ανασφάλεια και μύρια άλλα πράγματα που μας στενοχωρούν και μας αγχώνουν. Δυστυχώς όλα αυτά είναι μέρος της ζωής. Δεν μπορούμε να τα αποφύγουμε όταν η ζωή μας παίρνει μια τροπή που δεν μας αρέσει.

Μπορούμε, ωστόσο, να μεγιστοποιήσουμε το χρόνο που αισθανόμαστε ευχάριστα και γαλήνια· και μπορούμε να ελαχιστοποιήσουμε το χρόνο που αισθανόμαστε αγωνία και πόνο. Μπορούμε να τα καταφέρουμε όλα αυτά βρίσκοντας πρώτα χρόνο για τον εαυτό μας!

Όλοι μας ανήκουμε κάπου. Πρέπει απλώς να σταθούμε λίγο και να το συνειδητοποιήσουμε. Αν κοιτάζουμε πάντα προς τα έξω για να καταλάβουμε τι θέλουμε να κάνουμε μετά, δεν θα αισθανόμαστε ποτέ καλά με τον εαυτό μας. Πρέπει να περιποιηθούμε τον εαυτό μας, να μάθουμε τον εαυτό μας, ακόμη και να κακομάθουμε τον εαυτό μας. Αν δεν ξέρουμε ποιες είμαστε, δεν θα μάθουμε τι χρειαζόμαστε. Κι αν δεν συμφιλιωθούμε με τον εαυτό μας, πώς θα μπορέσουμε ν' αγαπήσουμε τον εαυτό μας και τη ζωή που ζούμε;

Το βιβλίο αυτό λοιπόν λέει πως πρέπει να δώσεις την άδεια στον εαυτό σου να είναι αυτός που είναι, να είσαι στοργική με τον εαυτό σου και να τιμάς τον εαυτό σου στην εξελικτική του πορεία.

Ελπίζω ν' απολαύσεις αυτό το ταξίδι!

Με αγάπη
Ruth Fishel

ΜΕΡΟΣ 1ο

Βρες χρόνο για τον εαυτό σου!

αυτοεκτίμηση

Βρες χρόνο να ξαναγυρίζεις κάθε μέρα
στον εαυτό σου

Robin Casarjean

Καιρός να δείξεις εγωισμό

Έρχεται μια στιγμή... ή και δύο... ή πολλές... στη ζωή μας που μας δίνεται το δώρο της συνειδητοποίησης. Είναι η στιγμή που μπορούμε να συνειδητοποιήσουμε πού πράγματι βρισκόμαστε στη ζωή μας, κάτι που ίσως να μην έχει σχέση με το πού θα θέλαμε να είμαστε ή πού νομίζουμε πως θα έπρεπε να είμαστε.

Και αν αποδεχτούμε αυτήν τη στιγμή στη ζωή μας, είμαστε πολύ τυχερές.

Έρχεται μια στιγμή... ή και δύο... ή πολλές... στη ζωή μας που μπορούμε ν' αναγνωρίσουμε και να παραδεχτούμε τις ανάγκες μας ή τη μοναξιά μας ή ότι υποφέρουμε. Αυτό μπορεί να συμβεί μετά από μια μεγάλη αλλαγή. Μπορεί να συμβεί όταν καταλάβουμε ότι δεν ορίζουμε απόλυτα τη ζωή μας. Συνήθως συμβαίνει μετά από ένα συνταρακτικό γεγονός ή όταν βρισκόμαστε μπροστά σε μια μεγάλη αλλαγή.

Η αλλαγή συνδέεται πάντα με μια απώλεια· όταν αποχωριζόμαστε κάτι χάρη ενός άλλου. Μπορεί να συμβεί όταν εγκαταλείπουμε κάτι που είχαμε συνηθίσει και μας ήταν οικείο.

Αισθανόμαστε πόνο όταν είμαστε έτοιμες να ξεπεράσουμε τις αγκυλώσεις μας και να δούμε αυτό που κρύβαμε τόσο καιρό. Αισθανόμαστε πόνο όταν βρούμε το κουράγιο να κοιτάξουμε κάτω από το θυμό μας για να βρούμε την αιτία του. Αισθανόμαστε πόνο όταν βρούμε το κουράγιο να μοιραστούμε την ενοχή και την ντροπή μας για να μπορέσουμε ν' απελευθερωθούμε.

Αισθανόμαστε πόνο όταν χάνουμε ένα πρόσωπο αγαπημένο ή όταν πληγωθούμε βαθιά, τόσο που τα όριά μας να ισοπεδωθούν.

Όποια κι αν είναι η αιτία του πόνου μας, δεν έχει σημασία. Σημασία έχει να δούμε την ανάγκη μας.

Πρέπει να βρούμε χρόνο για να ικανοποιήσουμε τις βασικές μας ανάγκες. Αυτό πρέπει να το κάνουμε. Δεν θα είμαστε καλές για κανέναν άλλο αν δεν είμαστε καλές με τον εαυτό μας.

Δεν είναι κακό να σκεφτόμαστε πρώτα τον εαυτό μας. Αντίθετα, έρχεται μια στιγμή στη ζωή μας που πρέπει να το κάνουμε.

Στις επόμενες σελίδες θα βρείτε λόγια έμπνευσης και ενθαρρυντικές σκέψεις. Αφήστε τα λόγια να σας βοηθήσουν να είστε καλά με τον εαυτό σας. Να σας βοηθήσουν να δραστηριοποιηθείτε ή, ανάλογα με τις ανάγκες σας, να μη δραστηριοποιηθείτε... να χαλαρώσετε. Αφήστε τα να σας βοηθήσουν να τονώσετε την αυτοεκτίμησή σας και να δείτε καθαρότερα το σκοπό της ύπαρξής σας.

Δεν χρειάζεται ν' ακολουθήσετε μια σειρά, δεν υπάρχει λόγος που οι σελίδες είναι έτσι παρουσιασμένες. Μπορείτε να διαβάζετε μια σελίδα κάθε μέρα ή μια ενότητα κάθε μέρα, στην τύχη, ή το βιβλίο ολόκληρο.

Αλλά κάντε παύση για ν' αφήσετε τα λόγια να κατασταλάξουν μέσα σας, ακούστε τα λόγια με όλες σας τις αισθήσεις. Αφήστε τα λόγια να ζωντανέψουν και να σας καταπραΰνουν. Αφήστε τα λόγια να εισχωρήσουν στο μυαλό σας κι ύστερα αφήστε το σώμα σας να αισθανθεί την επίδρασή τους. Να είστε βέβαιες ότι σας αξίζει να βρείτε όλο το χρόνο που σας χρειάζεται για τον εαυτό σας.

Σας αξίζει να έχετε τη δική σας ιδιαίτερη ώρα κάθε μέρα... μόνο δική σας... για να είστε εγωίστριες... για να αισθανθείτε τις δικές σας ανάγκες και κανενός άλλου. Δεν είναι κακό.

Ξεκλέψτε χρόνο από τις υποχρεώσεις της σημερινής μέρας για τον εαυτό σας. Όχι χρόνο για ν' αποδράσετε. Όχι αλόγιστο χρόνο για να αρνηθείτε ή ν' αποφύγετε τα συναισθήματά σας. Αλλά χρόνο για να αφοσιωθείτε σ' αυτό που αισθάνεστε, όπου κι αν είστε, ό,τι κι αν αισθάνεστε... χωρίς κριτική, χωρίς ενοχές, χωρίς ντροπή, χωρίς να θέλετε να αισθανθείτε αδιάφορα. Χρόνο για να δώσετε σημασία στα αισθήματά σας και να τα γνωρίσετε, και τελικά να συμφιλιωθείτε μαζί τους. Δώστε την άδεια στον εαυτό σας και προσέξτε τα υπέροχα αποτελέσματα.

Σήμερα θα τιμήσω αυτήν τη στιγμή
της ζωής μου και θα βρω χρόνο
για τον εαυτό μου.

Όλοι περνάμε δύσκολες κι οδυνηρές στιγμές στη ζωή μας. Και είναι απόλυτα φυσιολογικό να ευχόμαστε να μην είχαν συμβεί. Όλοι περνάμε σκαμπανεβάσματα, χαρές και λύπες, στιγμές αφθονίας και στιγμές στέρησης. Είναι ένα φυσικό κομμάτι της ζωής μας, όπως η βροχή και η λιακάδα.

Αν καταφέρουμε ν' αποδεχτούμε ότι είναι εντάξει εκεί που βρισκόμαστε, ανεξάρτητα από το πώς αισθανόμαστε, θα εισπράξουμε ηρεμία και γαλήνη. Αν πειστούμε ότι οι μεταβολές των διαθέσεων και των καταστάσεων είναι όλες κομμάτι της φυσικής πορείας της ζωής, είμαστε πλέον ελεύθερες να προχωρήσουμε.

Σήμερα θα τιμήσω αυτό που είμαι
κι αυτά που κατάφερα,
και δίνω την άδεια στον εαυτό μου
να σκεφτεί πρώτα εμένα.

Στόχος είναι να έχουμε απόλυτη συνείδηση της κάθε στιγμής και να μπορούμε να αποδεχτούμε την κάθε στιγμή. Όταν το καταφέρουμε, φτάνουμε στην εσωτερική γαλήνη. Για τις περισσότερες από μας, αυτές οι στιγμές είναι πραγματικά σπάνιες. Συμβαίνουν συχνότερα καθώς αυξάνεται η επιθυμία μας να συμφιλιωθούμε με κάθε στιγμή της ζωής μας.

Βρείτε το χρόνο να δείτε πού βρίσκεστε στη διαδρομή προς την αποδοχή και τη συμφιλίωση.

Συνειδητοποιήστε σε ποιο σημείο βρίσκεστε αυτήν τη στιγμή και αποδεχτείτε το με αγάπη και σοφία.

Παίρνω την άδεια από τον εαυτό μου
να ασχοληθώ και να φροντίσω το εγώ μου,
ν' ανακαλύψω καινούργια πράγματα
που θα με κάνουν να νιώσω καλά.

Υπάρχει μεγάλη διαφορά μεταξύ της φροντίδας του εαυτού, της επιείκειας απέναντι σ' αυτόν και της αυτολύπησης. Η θετική δράση είναι η μεγαλύτερη διαφορά. Η επιείκεια οποιασδήποτε μορφής που χρησιμοποιούμε για ν' αρνηθούμε τα συναισθήματά μας και να νιώσουμε καλύτερα, μας αφήνουν αργότερα παρέα μ' αυτά τα συναισθήματα. Όταν πάλι λυπόμαστε τον εαυτό μας και περιμένουμε από τους άλλους ανθρώπους ή τα άλλα μέρη να μας βγάλουν απ' αυτή την κατάσταση, αφηνόμαστε στην αυτολύπηση.

Η φροντίδα του εαυτού είναι μια θετική δράση. Σταματάμε. Κοιτάζουμε πού βρισκόμαστε. Αποδεχόμαστε τη θέση μας. Και βρίσκουμε χρόνο για την προσωπική μας φροντίδα, την εγρήγορση όλων μας των αισθήσεων, τη σύνδεση με τις εσωτερικές μας ανάγκες, και την ανακάλυψη των ενεργειών που πρέπει να κάνουμε για να ωριμάσουμε και να γίνουμε καλύτερες.

Βρίσκω χρόνο για τον εαυτό μου
σήμερα για να τον δω και
να τον αγαπήσω έτσι όπως είναι.

Υπομονή

Ακόμη κι αν έχουμε κάνει όλα τα βήματα που ξέρουμε, μπορεί να μην τα έχουμε ξεκαθαρίσει όλα. Υπάρχουν στιγμές στη ζωή που οι απαντήσεις μας δεν είναι εντελώς ξεκάθαρες. Υπάρχουν στιγμές που ξέρουμε ότι μας χρειάζεται μια αλλαγή, αλλά δεν ξέρουμε τι να κάνουμε. Έχουμε κάνει όλα όσα ξέρουμε, αλλά δεν βρήκαμε τις απαντήσεις.

Αν έχουμε σκεφτεί πολύ, έχουμε μιλήσει σ' ένα φίλο ή σύμβουλο, κι ακόμη αισθανόμαστε παγιδευμένες, ίσως χρειαζόμαστε περισσότερες πληροφορίες.

Ίσως πρέπει να περιμένουμε και ν' αφήσουμε το χρόνο να περάσει.

Όταν τα έχουμε κάνει όλα κι ακόμη δεν ξέρουμε τι να κάνουμε και προς τα πού να πάμε, πρέπει να οπλιστούμε με υπομονή. Πρέπει να γίνει η δύσκολη αυτή στιγμή ένα νέο μάθημα, ότι θα ξέρουμε τι πρέπει να κάνουμε ή τι να μην κάνουμε μόνο όταν έρθει η κατάλληλη γι' αυτό στιγμή... κι ούτε λεπτό πριν.

*Πιστεύω ότι υπάρχει μια δύναμη
που θα μου δείξει πότε η στιγμή
είναι κατάλληλη για δράση.*

Η στιγμή

Υπάρχουν στιγμές που όλα όσα ξέρουμε από την εμπειρία και τη λογική μάς λένε να κάνουμε μια επιλογή. Όλες οι γνώμες που παίρνουμε από φίλους κι ανθρώπους που εμπιστευόμαστε συμφωνούν σ' αυτό.

Κι όμως, κάτι μέσα μας μάς λέει να περιμένουμε. Κάτι μας ψιθυρίζει πως μια άλλη απάντηση μπορεί να είναι καλύτερη για μας. Όταν σου συμβαίνει αυτό, είναι καλύτερο να περιμένεις πριν πάρεις την απόφαση.

Περίμενε.

Άκουσε τον ψίθυρο.

Περίμενε λίγο ακόμη.

Εμπιστεύσου τη διαίσθησή σου.
Πίστεψε ότι θα ξέρεις
και
θα
ξέρεις.

Αρχίζω τη μέρα μου σήμερα με αυτοπεποίθηση. Αυτή είναι για μένα η στιγμή που θα ξέρω αν πρέπει να δράσω ή όχι, που έχω την πεποίθηση ότι θα το ξέρω. Ό,τι αποφασίσω θα είναι το σωστό για μένα αυτήν τη στιγμή.

Πολύ απασχολημένη με το να υπάρχεις. Πολύ απασχολημένη με το να προσπαθείς.

Τόσες φορές προσπαθούμε να πιέσουμε τα πράγματα να συμβούν. Σκέψου πόση ενέργεια έχει χαθεί όλες αυτές τις φορές. Όταν το πάρουμε απόφαση ότι θέλουμε συγκεκριμένα αποτελέσματα και δεν θα δεχτούμε τίποτε λιγότερο, τις περισσότερες φορές υποφέρουμε. Όταν έχουμε κάνει την προσπάθειά μας κι έχουμε κολλήσει στο αποτέλεσμα τόσο που δεν πρόκειται να μας ικανοποιήσει τίποτ' άλλο, όταν νομίζουμε ότι μόνο εμείς ξέρουμε τι θα 'πρεπε να έχουμε, τότε μας έχει κυριέψει ο εγωκεντρισμός. Έχουμε ξεχάσει ότι υπάρχει κάτι πέρα από μας.

Ο ανώριμος εαυτός μας μάς λέει ότι αξίζουμε τα αποτελέσματα που θέλουμε. Η αρνητική φωνή μέσα μας λέει να κάνουμε αυτό κι εκείνο, να μιλήσουμε σ' αυτόν ή σ' εκείνον, να κάνουμε αυτό το τηλεφώνημα ή να γράψουμε αυτό το γράμμα. Κι αν τίποτε απ' όλα αυτά δεν αποδώσει, η αρνητική μας φωνή μάς λέει να τα κάνουμε όλα πάλι από την αρχή.

Ο χρόνος και η ενέργεια που χάθηκαν θα μπορούσαν να είχαν διοχετευτεί σε πολλές άλλες θετικές δράσεις. Η αγωνία και η απογοήτευση μάς κατέβαλαν και μας εμπόδισαν να αισθανθούμε ήρεμες και υπεύθυνες για τη ζωή μας.

Όταν αισθανθούμε ότι ταραζόμαστε, είναι ώρα να...

Σταματήσουμε.
Επανεκτιμήσουμε.
Ζητήσουμε βοήθεια.
Συλλογιστούμε.
Εγκαταλείψουμε.
Περιμένουμε.

Όταν αισθάνομαι ότι τα πράγματα δεν πηγαίνουν όπως τα θέλω, μπορώ να σταματήσω. Να ζητήσω βοήθεια και να περιμένω μέχρι να ξέρω καλά τι πρέπει να κάνω.

Μπορώ να πω μια προσευχή.

Θεέ μου, δώσε μου τη γαλήνη
να δεχτώ τα πράγματα που δεν μπορώ ν' αλλάξω.
Το θάρρος ν' αλλάξω τα πράγματα που μπορώ
και τη σοφία να ξέρω τη διαφορά τους.

Μπορώ να οπλιστώ με δύναμη για να αντέξω και να ξεπεράσω αυτό που είναι γραμμένο.

Βρίσκω το χρόνο...
ν' ακούσω

Γαλήνια ζωή δεν σημαίνει ζωή χωρίς συγκρούσεις

Πολλοί πιστεύουν ότι για να βρεθούμε στο μονοπάτι της πνευματικής αναζήτησης και της αυτοσυγκέντρωσης, για ν' ακολουθήσουμε τις αρχές μας όσο καλύτερα μπορούμε, για να ανασυγκροτηθούμε και να είμαστε χρήσιμοι, η ζωή πρέπει να κυλάει ομαλά και χωρίς εμπόδια.

Ναι, η ζωή κυλάει πράγματι. Και υπάρχει αρμονία και γαλήνη. Αλλά όπως είδαμε, υπάρχουν συγκρούσεις και πόνος, αρρώστια και θάνατος, σεισμοί και τυφώνες. Αυτά είναι τα μεγάλα γεγονότα που ξέρουμε πως δεν μπορούμε να τα εμποδίσουμε, αλλά μπορούμε να είμαστε προετοιμασμένες.

Όσο ζούμε, πάντα θα υπάρχουν πράγματα που πρέπει ν' αντιμετωπίσουμε.

Βρείτε χρόνο να εξετάσετε τις παρακάτω αιτίες που φράζουν το δρόμο προς την ηρεμία και τη γαλήνη. Κι ύστερα προσθέστε και τις δικές σας. Εξετάστε τες χωρίς αξιολογικές κρίσεις. Εξετάστε τες με ανοχή και αποδοχή.

Βρες χρόνο να δείξεις ανοχή και καλοσύνη στον εαυτό σου.

Βρες χρόνο να σκεφτείς πώς αντιδράς.

Τι κάνεις όταν... αισθάνεσαι πληγωμένη;

Όταν δεν γίνεται αυτό που θέλεις;

Όταν αισθάνεσαι ότι σε πρόδωσαν ή ότι σου είπαν ψέματα;

Όταν οι επιθυμίες σου σε φέρνουν σε αντίθεση με τους άλλους;

Όταν μπαίνεις σε δεύτερη θέση... ή πέμπτη... ή τελευταία... ή δεν τερματίζεις καν;

Όταν χάνεις την ψυχραιμία σου;

Όταν λες πράγματα που πληγώνουν τον άλλο;

Όταν δεν ανταποκρίνεσαι στις δικές σου προσδοκίες;

Όταν δεν έχεις αρκετή αυτογνωσία;

Μπορεί ν' ανακαλύπτουμε διάφορα πράγματα που μας βοηθούν να δούμε καθαρότερα τα προβλήματά μας και να μην έχουμε παρ' όλα αυτά την ικανότητα ν' αλλάξουμε. Μπορεί να έχουμε πάρει την απόφαση να εγκαταλείψουμε κάτι που ξέρουμε ότι είναι καταστροφικό ή αρνητικό στη ζωή μας και να μην τα καταφέρουμε. Οι προθέσεις μας μπορεί να είναι ισχυρές και να αισθανόμαστε δέσμευση για τις δράσεις που θεωρούμε αναγκαίες, και όμως... μένουμε κολλημένες και τίποτα δεν αλλάζει. Έρχεται μια στιγμή που δεν αρκεί να βλέπεις. Έρχεται μια στιγμή που δεν αρκεί η αυτογνωσία. Έρχεται μια στιγμή που αισθανόμαστε ανίσχυρες.

Όταν μπορέσουμε να δεχτούμε ότι είμαστε ανίσχυρες, τότε είμαστε έτοιμες να κάνουμε μια στροφή στο πνευματικό μας μονοπάτι. Τότε μπορούμε ν' αποδεχτούμε την Ανώτερη Δύναμη, όποια κι αν είναι αυτή, όποια πιστεύει η καθεμιά μας ότι είναι η δύναμη της αγάπης. Τότε θ' αρχίσουν να συμβαίνουν αλλαγές και θα αισθανθούμε ελαφρότερες και με μεγαλύτερη αυτοσυνείδηση. Θα αποκτήσουμε κατεύθυνση.

Η πνευματικότητα γίνεται ένας καινούργιος τρόπος ζωής.

ΜΕΡΟΣ 2ο

Δείξε εκτίμηση στον εαυτό σου

Αυτό που πιστεύεις για τον εαυτό σου
είναι πολύ πιο σημαντικό απ' αυτό που
πιστεύουν οι άλλοι για σένα.

Σενέκας

Σήμερα τιμώ τον εαυτό μου.
Ζω και αναπτύσσομαι.
Θέλω να κάνω ό,τι μπορώ για να είμαι
ο καλύτερος εαυτός μου.

Η θεραπευτική δύναμη των λέξεων

Οι λέξεις... οι δικές μας λέξεις, αυτές που χρησιμοποιούμε όταν μιλάμε στον εαυτό μας και στους άλλους, έχουν μεγάλη δύναμη.

Οτιδήποτε και να αισθανόμαστε κάποια στιγμή μπορεί ν' αλλάξει μονομιάς μέσα από τις λέξεις που χρησιμοποιούμε. Δεν χρειάζεται να ψάξουμε αλλού για να αισθανθούμε καλά· μόνο στον εαυτό μας και στις λέξεις που λέμε και στις λέξεις που σκεφτόμαστε. Μέσα μας, στα χέρια μας έχουμε αυτό το παντοδύναμο θεραπευτικό όπλο που μας βοηθάει να προστατέψουμε τα αισθήματά μας και την υγεία μας.

Η επιστήμη ξέρει πια ότι το σώμα και το μυαλό μας είναι αδιαχώριστα. Αυτό που γεννιέται στο μυαλό μας διαχέεται σ' όλο το σώμα μας. Οι λέξεις που είναι στο μυαλό μας, προκαλούν άμεσες επιδράσεις στα συναισθήματά μας.

Οι λέξεις έχουν τη δύναμη να μεταφέρουν τα συναισθήματά μας από τη μια μεριά στην άλλη.

Οι λέξεις έχουν τη δύναμη να μας

μ
ε
τ
α
φ
έ
ρ
ο
υ
ν

σ' ένα μέρος

β
α
θ
ι
ά

μέσα μας.

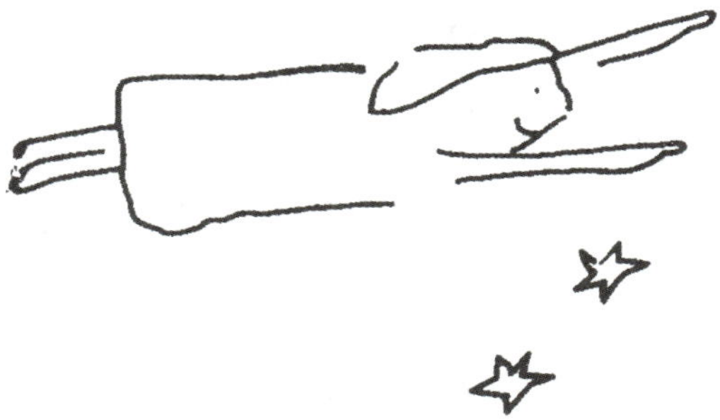

λέξεις λέξεις λέξεις προς τη γαλήνη

Οι λέξεις *μάς αγγίζουν*.

Οι λέξεις φτάνουν μέχρι την καρδιά μας.

Οι λέξεις μπορούν να μας τονώσουν και ν' αλλάξουν τη διάθεσή μας.

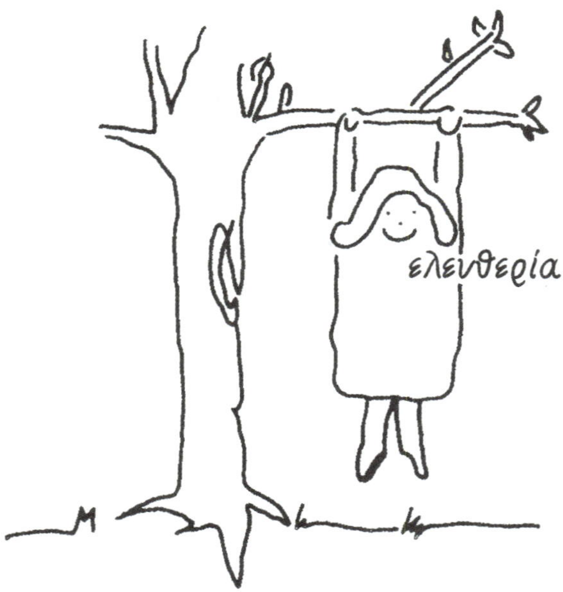

Σκέψεις που μεταμορφώνονται σε λέξεις
μπορούν ν' απλώσουν
συναισθήματα
σε όλο μας το σώμα.

Οι λέξεις εμπνέουν

Η λέξη εμπνέω σημαίνει φυσώ μέσα, εμποτίζω ή διεγείρω το μυαλό μ' ένα αίσθημα ή μια παρόρμηση που μπορεί να καταλήξει σε δημιουργία, μπορεί να ζωντανέψει ή να ξεσηκώσει.

Μπορούμε να *εμπνεύσουμε* τον εαυτό μας. Οι σκέψεις μας οι ίδιες μπορούν να μας ξεσηκώσουν.

Οδηγούμαστε από τα μηνύματα που φέρνουμε στον εαυτό μας, σε θετικές ή αρνητικές, θεραπευτικές ή καταστροφικές ενέργειες και συναισθήματα. Το σώμα μας αντιδρά με αρρώστια ή υγεία.

΄Εχει σημασία να *σταθούμε* και ν' *ακούσουμε* πώς μιλάμε στον εαυτό μας. ΄Εχει σημασία γιατί μπορούμε ν' αλλάξουμε κάθε αρνητικό μήνυμα που δίνουμε στον εαυτό μας.

Οι λέξεις που χρησιμοποιούμε μπορούν *ν' αλλάξουν* το πώς αισθανόμαστε και το πώς λειτουργούμε.

Ας το δοκιμάσουμε για μια στιγμή...

Άφησε τον εαυτό σου
ν α α ι σ θ α ν θ ε ί
την επίδραση μιας και μόνο
λέξης.

Στάσου μερικές στιγμές χωρίς να κάνεις τίποτε και προσπάθησε να α ι σ θ α ν θ ε ί ς πόση δύναμη μπορεί να έχει μια λέξη.

Καλοσύνη

Προσπάθησε να α ι σ θ α ν θ ε ί ς πώς λειτουργεί μέσα σου αυτή η μία λέξη,

κα-λο-σύ-νη.

Δες πόσο αλλάζει αυτό που αισθανόσουνα πριν σκεφτείς αυτήν τη λέξη. Μπορείς να χαμηλώσεις ταχύτητα για να δεις ποιες σκέψεις υπάρχουν στο μυαλό σου; Μην κρίνεις τις σκέψεις. Συνειδητοποίησε απλά τις σκέψεις που αυτή η λέξη και μόνο μπορεί να σου προκαλέσει.

Οι σκέψεις μας, οι λέξεις που λέμε στον εαυτό μας, γεννούν τα αισθήματά μας.

Με όλα αυτά στο μυαλό, αυτή η ενότητα του βιβλίου μπορεί να χρησιμοποιηθεί με πολλούς τρόπους κι εσύ θα βρεις το σωστό για σένα. Προτείνω λοιπόν τέσσερις τρόπους:

1. Ό,τι και να αισθάνεσαι, σε όποια σελίδα αυτής της ενότητας κι αν ανοίξεις το βιβλίο, διάβασε τη λέξη, σκέψου τη για μια στιγμή, κλείσε τα μάτια κι άφησε τα συναισθήματα να πλημμυρίσουν το σώμα σου. Στρέψε όλη την προσοχή σου στη λέξη, τη μοναδική λέξη στη σελίδα, κι άφησε το σώμα σου να εκτεθεί στις επιδράσεις αυτής της έντονης σκέψης. Οτιδήποτε άλλο αισθανόσουν προηγουμένως θα δεις πόσο αλλάζει μ' αυτήν τη λέξη.
2. Διάλεξε από τις επόμενες σελίδες μια ορισμένη λέξη που θα ήθελες να αισθανθείς κι ακολούθησε την ίδια διαδικασία.
3. Βρες χρόνο να μείνεις με τον εαυτό σου. Βάλε τον εαυτό σου στο επίκεντρο. Για λίγες στιγμές, άκουσε την αναπνοή σου. Στρέψε όλη σου την προσοχή στην αναπνοή σου καθώς εισπνέεις και εκπνέεις από τη μύτη. Όταν το μυαλό σου ηρεμήσει και αισθανθείς ότι είσαι το επίκεντρο, άνοιξε το βιβλίο στην

τύχη, δες τη λέξη, κλείσε πάλι τα μάτια και φαντάσου ότι εισπνέεις αυτήν τη λέξη με κάθε σου εισπνοή. Δες το χρώμα, το σχήμα, την υφή ή το μέγεθος που εμφανίζεται μπροστά σου. Δεν υπάρχει σωστό και λάθος εδώ. Άφησε τον εαυτό σου να δει τη λέξη και, καθώς την εισπνέεις, άφησε τα συναισθήματα της στιγμής να πλημμυρίσουν το σώμα σου, άφησέ τα να σε γεμίσουν.

4. Τώρα ίσως είναι η στιγμή να επιλέξεις μία λέξη που θέλεις να αισθανθείς αντί να το αφήσεις στην τύχη. Γι' αυτό αφιέρωσε λίγο χρόνο σε μερικές λέξεις που θα βρεις στις επόμενες σελίδες. Νιώσε τη δύναμη αυτών των λέξεων. Νιώσε πόσο δυνατές μπορούν να γίνουν οι σκέψεις σου. Μάθε τη δύναμη που έχουμε πάνω στα αισθήματά μας και μάθε ότι έχουμε τη δύναμη ν' αλλάξουμε το πώς αισθανόμαστε.

Αυτά είναι μερικά βήματα που μπορούμε να κάνουμε για να μάθουμε ν' αυξάνουμε την αυτοεκτίμησή μας... να αισθανόμαστε καλά με τον εαυτό μας... και να πάρουμε τη ζωή μας στα χέρια μας.

Αγάπη

Γαλήνη

Αφθονία

Χαλάρωση

Δύναμη

Πρώτα το σημαντικό

Με ηρεμία τα καταφέρνουμε

Πίστη

Πήγαινε με το ρεύμα

Κάν' το απλό

Άφησε και κάτι στη μοίρα

Αναποδογύρισέ το

αναποδογύρισέ το

Δείξε φροντίδα

Χαρά

Με προσοχή

Απαλά

Δύναμη

Παρηγοριά

Εμπιστοσύνη

Καλή καρδιά

Ενθουσιασμός

Αλήθεια

αλήθεια ♡

Ακεραιότητα

Μόνο για σήμερα

Αλλαγή προς το καλύτερο

θετική αλλαγή

Ανώτερη Δύναμη

Πνευματισμός

Αλλαγή

Ανάπτυξη

Θετική ενέργεια

Θεραπευτική ενέργεια

θεραπευτική ενέργεια

Αυτοεκτίμηση

Να περιμένεις θαύματα

Μέσα σου κρύβεις ένα παιδί

Διαίσθηση

διαίσθηση

Εμπιστοσύνη

Φροντίδα

Γυρισμός

Ζωντανή!!!

ΜΕΡΟΣ 3ο

Συμφιλιώσου με τον εαυτό σου

Από το χάος στη γαλήνη

Πόσες φορές αισθάνθηκες ευερέθιστη ή χαμένη; Υπάρχουν στιγμές που δεν μπορείς να συγκεντρώσεις τις σκέψεις σου και δεν ξέρεις γιατί; Ή δεν ξέρεις τι σου φταίει, αλλά πάντως κάτι φταίει. Υπάρχει κάτι που πάει στραβά αλλά δεν μπορείς να το εντοπίσεις.

Νομίζεις ότι έχεις κολλήσει, ξέρεις ότι αν άλλαζες κάτι θα αισθανόσουν καλύτερα. Αλλά δεν μπορείς να το κάνεις αυτό και δεν έχεις πειστεί ότι ακόμη κι αν άλλαζες κάτι θα είχε σημασία.

Ίσως να έχεις δοκιμάσει διάφορα: Θεραπεία, σεμινάρια, ομάδες, διαλογισμό. Η ζωή μοιάζει να γίνεται καλύτερη για λίγο, αλλά μετά ξαναγίνεται χαοτική ή άσκοπη ή και οδυνηρή κατά διαστήματα.

Αν σου συμβαίνει κάτι από τα παραπάνω, θα μπορούσες ίσως να με ακολουθήσεις σ' ένα μικρό εσωτερικό ταξίδι. Οι επόμενες σελίδες περιέχουν σκέψεις, ιδέες και απλά βήματα που θα σε βοηθήσουν να βρεις την πηγή της στενοχώριας σου. Θα σε βοηθήσουν να φέρεις την ηρεμία στο χάος.

Θυμήσου όμως να φέρεις μαζί και τη θέλησή σου, γιατί είναι μακρύς ο δρόμος.

Υπάρχει ένα ανατολίτικο ρητό που παρομοιάζει το απαίδευτο μυαλό με μαϊμού που τριγυρίζει άσκοπα από κλαρί σε κλαρί και κάνει ό,τι θέλει την κάθε στιγμή. Αυτό δεν είναι μόνο χαοτικό και ανεξέλεγκτο, είναι και πηγή άγχους και δυστυχίας. Ένα απαίδευτο μυαλό είναι γεμάτο αντιδράσεις και παρανοήσεις, καταπιάνεται με όλα τα πράγματα συγχρόνως, χωρίς ιεράρχηση.

Αυτή η εμπειρία είναι συχνή όταν δεν έχουμε συνείδηση του τι συμβαίνει, όταν αρχίζουμε να ξυπνάμε. Μπορεί να αισθανθούμε τότε ταραγμένες, μελαγχολικές ή φοβισμένες και να μην ξέρουμε γιατί.

Αυτό μπορεί να διαρκέσει όλη τη μέρα. Η μια σκέψη οδηγεί στην άλλη κι αυτό προκαλεί μια αντίδραση που μπορεί να οδηγήσει σε μια πράξη, και ούτω καθεξής.

Δεν χρειάζεται πια να δεχόμαστε την παραξενιά του ανεκπαίδευτου μυαλού μας, δεν χρειάζεται πια να πέφτουμε θύμα του. Δεν υπάρχει πια λόγος να αισθανόμαστε ανίσχυρες.

Μπορούμε να τ' αλλάξουμε αυτό ακολουθώντας επτά απλά βήματα.

7 απλά βήματα προς τη γαλήνη

1. Στάσου.
2. Κατάλαβε τι είναι «αυτό», οτιδήποτε είναι αυτό που αισθάνεσαι.
3. Νιώσε το.
4. Δώσ' του όνομα.
5. Αποδέξου το.
6. Αγάπησέ το.
7. Κάνε κάτι.

Τώρα αφιέρωσε λίγο χρόνο για να σκεφτείς το κάθε βήμα.

1. *Πρέπει να σταθούμε.*

Αλλά πώς θα το κάνουμε αυτό; Δεν ξέρουμε καν τι σημαίνει.

Μπορείς να το κάνεις στρέφοντας την προσοχή σου στην αναπνοή σου.

Πολύ αργά κάνε μια εισπνοή και μια εκπνοή.

στάσου, ηρέμησε

2. Να το *συνειδητοποιήσουμε.*

Σκέψου αυτό που σου συμβαίνει αυτήν τη στιγμή.

3. Να το *νιώσουμε.*

Νιώσε αυτό που σου συμβαίνει τώρα.

4. Να του *δώσουμε όνομα.*

Κάνε στο μυαλό σου μια σημείωση για το τι αισθάνεσαι.

5. Να το *δεχτούμε.*

Απαλλάξου από κάθε αντίσταση και άρνηση και δέξου ολοκληρωτικά αυτό που αισθάνεσαι.

6. Να το *αγαπήσουμε*.

Δώσε την αμέριστη αγάπη και την αποδοχή σου σ' αυτό που περιέχει αυτή η στιγμή.

7. *Και ύστερα... κάποια βήματα δράσης,* αν είναι αναγκαίο.

Αν δεν βρήκες τη γαλήνη ή αν δεν εκτονώθηκες από την πίεση, τότε χρειάζεται ένα βήμα δράσης.

Ποια βήματα δράσης μπορώ να κάνω;

Υπάρχουν πολλά πράγματα που βοηθούν στην εκτόνωση ή στην αλλαγή των αισθημάτων όταν αυτά είναι μπλοκαρισμένα. Κάποιο απ' όλα αυτά θα σε βοηθήσει.

- Γράψε ένα γράμμα σ' αυτόν που σ' έχει εκνευρίσει και μην το στείλεις.
- Γράψε ένα γράμμα και στείλ' το.
- Μίλησε στον ψυχοθεραπευτή σου.
- Πήγαινε σε μια συνάντηση.
- Μίλησε σ' ένα φίλο.
- Χτύπα το μαξιλάρι σου ή πάρε μέρος σ' ένα ομαδικό παιχνίδι, όπως το βόλεϊ.
- Περπάτησε ή τρέξε.
- Κάνε διαλογισμό.
- Δες την αντίθετη όψη.
- Άφησε να περάσει χρόνος.

Συναισθήματα

Αυτά τα βήματα αποδίδουν αν ξέρουμε ποια είναι τα συναισθήματά μας. Αλλά συχνά τα συναισθήματά μας είναι μπλοκαρισμένα.

Τα συναισθήματα είναι διαφόρων μεγεθών, χρωμάτων, σχημάτων και πυκνότητας. Μπορεί να είναι παρηγορητικά και ηρεμιστικά, εκνευριστικά ή οδυνηρά.

Μερικές φορές τα συναισθήματα μάς κάνουν να αισθανόμαστε ζωντανές.

Άλλες φορές είναι τόσο αβάσταχτα που νομίζουμε ότι μας συμπιέζουν ή ότι κουβαλάμε ένα βαρύ φορτίο. Άλλες φορές είναι τόσο πυκνά που δεν μας αφήνουν να δούμε τίποτε άλλο.

Άλλες φορές αισθανόμαστε ότι δεν ξέρουμε τι ακριβώς είναι αυτό που αισθανόμαστε. Κι άλλες φορές δεν ερμηνεύουμε σωστά τα συναισθήματά μας. Ο θυμός μπορεί να μας το κάνει αυτό. Ο θυμός μπορεί να σκεπάσει πολλά άλλα πράγματα που δεν θα μπορέσουμε να δούμε, αν δεν...

εκδηλώσουμε...

διοχετεύσουμε...

εκτονώσουμε...

απαλλαγούμε από...

το θυμό.

Ο φόβος μπορεί να κρύβει τόσα άλλα αισθήματα. Μπορεί να σκεπάζει το αίσθημα της αδυναμίας. Να μας λέει ότι δεν αισθανόμαστε λύπη και στενοχώρια, και όταν τελικά αφήσουμε τον εαυτό μας να αισθανθεί το θυμό, μας κυριεύει η οργή και η πικρία που κρατούσαμε κρυμμένες για χρόνια.

Όσο καλλιεργούμε την πνευματικότητά μας, υπάρχουν στιγμές που τα συναισθήματα μάς πλημμυρίζουν. Αυτή η κατάσταση μας φαίνεται παράξενη καθώς οι περισσότεροι από μας καταπιέζουν τα συναισθήματά τους για χρόνια. Μας είναι πολύ φυσικό, ένας ενστικτώδης μηχανισμός, να μπλοκάρουμε τα δυσάρεστα συναισθήματα. Μπορεί να τα μπλοκάρουμε με πολλούς τρόπους, όπως με το αλκοόλ, με το φαγητό, με τα φάρμακα, με το σεξ, με την κατάθλιψη, με την εξάρτηση από κάποιον άλλο. Καθώς αναρρώνουμε μαθαίνουμε ότι αυτά που μπλοκάρουμε μας κρατάνε σ' ένα τέλμα. Τότε παίρνουμε σταδιακά το ρίσκο να γνωρίσουμε τα συναισθήματά μας. Εγκαταλείπουμε τις παρωπίδες μας κι αφήνουμε την αλήθεια να φανεί.

Αρχίζουμε να γνωρίζουμε τον εαυτό μας, να βλέπουμε ποιες είμαστε στ' αλήθεια. Χωρίς μάσκες, χωρίς παρωπίδες, χωρίς τοίχους και, κυρίως, χωρίς ψυχοτρόπα.

Μερικές από μας μπορεί να νιώσουν ένα συναίσθημα για πρώτη φορά μετά από χρόνια. Όταν αρχίσει να συμβαίνει αυτό, όταν αρχίσουμε να αισθανόμαστε κάτι, μπορεί να τρομάξουμε. Μερικά συναισθήματα θα είναι δυσάρεστα και οδυνηρά. Άλλα όμως θα είναι υπέροχα. Μας ζωντανεύουν. Και είναι φυσικό, όταν αισθανόμαστε καλά, να θέλουμε κι άλλο. Θέλουμε να κρατήσουμε σφιχτά αυτό που μας ευχαριστεί, να μην τ' αφήσουμε.

Μπορεί και ν' ανακαλύψουμε πως μπορούμε να κάνουμε διάφορα πράγματα για να συνεχίσουμε να αισθανόμαστε, γιατί αυτό μας αναζωογονεί.

Για παράδειγμα, ο θυμός διεγείρει την αδρεναλίνη. Αυτό μπορεί να μας αρέσει και να παραμένουμε σε μια τρέλα, να μη θέλουμε να επεξεργαστούμε την κατάστασή μας, να μη θέλουμε να αποχωριστούμε αυτό το φυσικό διεγερτικό.

Και η αυτολύπηση μπορεί να φαίνεται φυσική. Έχουμε συνηθίσει τόσα χρόνια να λυπόμαστε τον εαυτό μας, ώστε θέλουμε να διατηρήσουμε αυτό το συναίσθημα και να συνεχίσουμε να νιώθουμε έτσι, επειδή μας αξίζει.

Καθώς αρχίζουμε να επιτρέπουμε στον εαυτό μας να έχει συναισθήματα, καθώς μαθαίνουμε να τα βλέπουμε και να τα γνωρίζουμε, μαθαίνουμε ότι αυτά δεν διαρκούν. Φεύγουν για ν' αφήσουν χώρο στα άλλα συναισθήματα που έρχονται. Μαθαίνουμε ότι έτσι γίνεται, καινούργια συναισθήματα έρχονται και σβήνουν για να δημιουργηθούν άλλα, από νέες εμπειρίες. Μαθαίνουμε ν' ακολουθούμε αυτήν τη ροή, που δεν την ελέγχουμε πια μέσω των συναισθημάτων μας.

Στην αναζήτηση της εσωτερικής γαλήνης πρέπει να συνεχίσουμε να κοιτάζουμε μέσα μας για τις απαντήσεις. Παρακάτω θα βρείτε μερικές από τις ερωτήσεις που μπορούμε να κάνουμε στον εαυτό μας καθώς συνεχίζουμε αυτό το εσωτερικό ταξίδι. Σ' αυτήν τη διαδικασία της αυτοεξέτασης, πρέπει να πιστέψετε πως είστε έτοιμες ν' ανακαλύψετε νέες ιδέες που θα σας οδηγήσουν στο επόμενο βήμα σας.

Ποια είναι τα πράγματα που μ' εμποδίζουν να αισθανθώ ήρεμη;

Τι θέλω;

τι θέλω;
γαλήνη, ευτυχία, ποτό, γλυκά, μόρφωση,
φαγητό, φίλους, εραστές, ταξίδια, πτυχίο,
παιδιά, προβολή, υλικά αγαθά...;

Τι έχω ανάγκη;

Σε τι αντιδρώ σωματικά και αναστατώνω το σώμα μου;

Τι κάνω το θυμό μου;

Ποια είναι η άμεση αντίδρασή μου όταν κάτι ή κάποιος με κάνουν να θυμώσω;

Έχω κάποιον να μιλήσω όταν είμαι θυμωμένη;

Υπάρχει κάποιο βήμα δράσης που πρέπει να κάνω για ν' απελευθερωθώ;

Συναισθήματα που συνδέονται με βήματα δράσης

Στην προσπάθειά μας να αισθανθούμε ευχάριστα και ν' αποφύγουμε τον πόνο πάση θυσία, συχνά μπαίνουμε στον πειρασμό να κάνουμε κάποια βήματα που φέρνουν άμεση ανακούφιση αλλά μακροχρόνια δυστυχία. Οι περισσότερες από μας έχουν για χρόνια εξασκηθεί στην εκλογίκευση και τη διάψευση, οπότε είναι συχνά δύσκολο να δούμε πέρα από την άμεση ανακούφιση.

Ορισμένα βήματα δράσης οδηγούν σε απολύτως προβλεπτά συναισθήματα, όταν καταφέρουμε να μάθουμε καλύτερα τον εαυτό μας. Και η αυτογνωσία οδηγεί στη σοφία και στην ευχαρίστηση. Την επόμενη φορά που θα επιλέξετε ένα αμφίβολο βήμα δράσης, όταν μια μικρή εσωτερική φωνή σας ρωτάει αν πράγματι αυτό πρέπει να κάνετε, δοκιμάστε να χρησιμοποιήσετε πρώτα ένα θερμόμετρο συναισθημάτων.

Θερμόμετρο συναισθημάτων

Όταν δεν αισθανόμαστε καλά, συνήθως ο γιατρός παίρνει τη θερμοκρασία μας, μετράει το σφυγμό μας και την πίεση του αίματος. Εξετάζει ίσως κάποια σημεία του σώματός μας αναζητώντας ενδείξεις πόνου ή ερεθισμού. Μας συνιστά συνήθως εξετάσεις ή ακτινογραφίες προκειμένου να συγκεντρώσει πρόσθετες πληροφορίες ώστε να κάνει τη σωστή διάγνωση.

Με τον ίδιο τρόπο μπορούμε να μάθουμε να εξετάζουμε τα συναισθήματά μας ώστε ν' αποφασίσουμε τα σωστά βήματα δράσης στη ζωή μας.

Όταν σου συμβαίνει κάτι που θέλεις να το ψάξεις καλύτερα, δοκίμασε την ακόλουθη λίστα ερωτήσεων.

Όταν αποφασίζεις ένα βήμα δράσης, προσπάθησε για λίγο να φανταστείς τον εαυτό σου να υιοθετεί αυτό το βήμα. Μείνε ακίνητη, κλείσε απαλά τα μάτια και φαντάσου πώς θα αισθάνεσαι μετά απ' αυτήν τη δράση. Ακολούθησέ την καθώς περνάει από τις σκέψεις στα συναισθήματά σου.

Για παράδειγμα, αν προσπαθείς να χάσεις βάρος και ξαφνικά έχεις μια απογοήτευση, η πρώτη σου αντίδραση μπορεί να είναι να φας ένα παγωτό. Άμεση ανακούφιση αλλά διαρκής στενοχώρια.

Ή αν βρίσκεσαι στη διαδικασία διάλυσης μιας καταστροφικής σχέσης, ένα τηλεφώνημα μπορεί να οδηγήσει σε βραχυπρόθεσμη ευχαρίστηση αλλά μακροπρόθεσμο πόνο από την παράταση αυτής της σχέσης.

τα συναισθήματά μου

Σκέψου λοιπόν ένα βήμα δράσης κι εξέτασε τα συναισθήματα που προκαλεί.

Εξετάζω το ενδεχόμενο να κάνω το παρακάτω βήμα: ______________________________

____

____.

Αυτά είναι τα συναισθήματα που με κυριεύουν όταν φαντάζομαι πως έχω επιλέξει αυτό το βήμα:

____

____

____

____

____.

Πώς με κάνει να νιώθω;

____ καλά ____ άσχημα

____ αδιάφορα ____ δεν ξέρω

Τι είναι αυτό το συναίσθημα;

____ βραχυπρόθεσμο ____ μακροπρόθεσμο

____ δεν ξέρω

Ποια είναι τα σωστά βήματα δράσης που πρέπει να πάρω για μακροπρόθεσμη πνευματική ωρίμανση και αλλαγή;

Εδώ θα βρεις κάποιες δηλώσεις που μπορούν να σε βοηθήσουν να κάνεις θετικές και ουσιαστικές αλλαγές στη ζωή σου. Κοίταξέ τες μία προς μία και πρόφερέ τες αργά, με συναίσθημα. Ύστερα γράψε τις δικές σου!

Ελέγχω το πώς νιώθω σήμερα.

Έχω τη δύναμη ν' αλλάξω το πώς νιώθω σήμερα.

Σήμερα διαπιστώνω όλα όσα
μου συμβαίνουν και μ' εμποδίζουν
να αισθανθώ ήρεμα.

αυτό είναι!

Αποκτώ συνείδηση όλων
των μηχανισμών που μπλοκάρουν
την εσωτερική μου γαλήνη…
ήρεμα και χωρίς αξιολόγηση.

Καταγράφω αυτά τα γεγονότα, τις σκέψεις, τους ανθρώπους και τους χώρους καθώς και τις αντιδράσεις μου σ' αυτά.

Πώς να έχετε πνευματική συγκέντρωση πριν ξυπνήσετε το πρωί

Υπάρχει μια πολύ απαλή στιγμή που ζούμε μεταξύ ύπνου και ξύπνου. Εκείνη τη στιγμή δεν υπάρχουν σκέψεις. Εκείνη τη στιγμή ζούμε πράγματι τη στιγμή. Σταδιακά αρχίζουμε να συνειδητοποιούμε και τότε...

ΜΠΑΜ!

Αρχίζουν οι σκέψεις και, ανάλογα με το χώρο όπου βρισκόμαστε συναισθηματικά και πνευματικά, το σώμα μας αρχίζει να αντιδρά στις σκέψεις μας. Είναι σημαντικό να θυμόμαστε ότι το σώμα μας δεν ξέρει τη διαφορά μεταξύ του πραγματικού και του φανταστικού.

Πώς ξεκινάμε την ημέρα μας με γαλήνια συναισθήματα, ανεξάρτητα από το τι συμβαίνει στη ζωή μας; Πώς μαθαίνουμε να διατηρούμε τον έλεγχο των συναισθημάτων μας από την αρχή της ημέρας μέχρι το τέλος της;

Αρχίζουμε μ’ αυτή την απαλή, ζεστή στιγμή μεταξύ ύπνου και ξύπνου.

Αρχίζουμε συγκεντρώνοντας την προσοχή μας σ’ αυτήν τη στιγμή. Παρατηρούμε αυτό που συμβαίνει εκείνη τη στιγμή, χωρίς να του αντιστεκόμαστε.

Καθώς συνειδητοποιείς πως έχεις ξυπνήσει, κατάγραψε τις σκέψεις που έρχονται στο μυαλό σου. Κι ύστερα κατάγραψε τις αντιδράσεις σου σ’ αυτές τις σκέψεις.

Μείνε με τις αντιδράσεις σου.

Κατάγραψε όλα τα συναισθήματα που σε γεμίζουν εκείνη τη στιγμή.

Ποιες σκέψεις προηγήθηκαν των συναισθημάτων;

Άφησέ τα όλα όπως είναι και παρακολούθησε τα συναισθήματα καθώς ξετυλίγονται.

Στρέψε απαλά την προσοχή σου στην αναπνοή σου. Πάρε μια βαθιά εισπνοή από τη μύτη και πες τρυφερά στον εαυτό σου «καλημέρα», προσθέτοντας και το όνομά σου.

Πάρε μια ακόμη βαθιά εισπνοή από τη μύτη. Να ξέρεις πως με κάθε εισπνοή απελευθερώνονται ολοένα και περισσότερες ενδορφίνες – φυσικά τονωτικά – μέσα στο σώμα σου, που θα σε ανακουφίσουν και θα σε ενδυναμώσουν.

Παρακολούθησε την αναπνοή σου καθώς μπαίνει από τη μύτη και διαχέεται σ' όλο το σώμα σου, γεμίζει τους πνεύμονες και κατεβαίνει από τους ώμους στα μπράτσα και τους καρπούς, μέχρι τις άκρες των δαχτύλων σου.

Νιώσε την καθώς διατρέχει την πλάτη, τη μέση και τους γοφούς σου, τις γάμπες και τα πόδια σου.

Νιώσε την *ενέργεια* από τις *ενδορφίνες* σου!

Τώρα έχεις γεμίσει πια με θετική κι αναζωογονητική ενέργεια.

Τώρα ενώνεσαι με τις θεραπευτικές δυνάμεις του σύμπαντος.

Νιώθεις απέραντη γαλήνη.

Και μπορείς να καταφύγεις σ' αυτήν τη ζωογόνο κατάσταση οποιαδήποτε στιγμή μέσα στη μέρα σου.

ΜΕΡΟΣ 4ο

Επικοινωνία με τον εαυτό σου

Αυτοσυγκέντρωση

Αυτοσυγκέντρωση είναι η ηρεμία του μυαλού μας.

Η αυτοσυγκέντρωση είναι η γέφυρα ανάμεσα στον εξωτερικό και τον εσωτερικό μας κόσμο.

Η αυτοσυγκέντρωση μας διδάσκει τη σύνδεση Πνεύμα/Μυαλό/Σώμα.

Η αυτοσυγκέντρωση καταλαγιάζει τις σκέψεις μας, καθησυχάζει το μυαλό μας, ώστε να μπορέσουμε να κοιτάξουμε μέσα μας και να επικοινωνήσουμε με τον εαυτό μας.

Σήμερα αποφασίζω να αυτοσυγκεντρωθώ

Η αυτοσυγκέντρωση μας βοηθάει να αποκτήσουμε μια καλή εικόνα για τον εαυτό μας.

Να συμφιλιωθούμε με τον εαυτό μας.

Μας βοηθάει να γίνουμε σοφότεροι, να διακρίνουμε την αλήθεια, να αντιμετωπίζουμε με ηρεμία τις δυσκολίες. Πάρα πολλοί άνθρωποι *ξέρουν* τις θετικές επιδράσεις της αυτοσυγκέντρωσης. Εντούτοις, δεν κάνουν την αυτοσυγκέντρωση καθημερινή τους πρακτική. Ίσως κι εσύ, όπως τόσοι άλλοι, να αυτοσυγκεντρώνεσαι σποραδικά ή για μερικές στιγμές, αλλά, ενώ αντλείς κάτι απ᾽ αυτό, δεν το κάνεις πιο συχνά ή για περισσότερη ώρα.

Γιατί; Αφού η αυτοσυγκέντρωση έχει τόση δύναμη, γιατί δεν δοκιμάζουμε όλοι να αυτοσυγκεντρωθούμε;

Είτε ανήκεις σ' αυτούς που δεν έχουν προσπαθήσει ποτέ, είτε σ' εκείνους που έχουν μικρή ή μεγάλη εμπειρία, αυτό το βιβλίο θα σου είναι χρήσιμο, *αλλά μόνο αν πράγματι θέλεις να είναι.*

Ακόμη κι αν έχεις μια εμπειρία από το παρελθόν, θα θέλεις ίσως τώρα να ξαναδοκιμάσεις.

Ή μπορεί να καταφεύγεις στην αυτοσυγκέντρωση καμιά φορά, σε καταστάσεις δύσκολες, και ξεχνάς να την αποζητήσεις όταν τα πράγματα πάνε καλά.

Ίσως να έχεις αποδιοργανωθεί ή νιώθεις τη ζωή σου, όπως όλες μας, γεμάτη ασχολίες και πολύ μπερδεμένη. Δεν βρίσκεις το χώρο ή το χρόνο ή την ησυχία. Μπορεί να αισθάνεσαι ότι έχεις ελάχιστο χώρο ή ότι γίνεται πολλή φασαρία ή ότι είσαι ολομόναχη και απογοητευμένη. Ίσως πιστεύεις ότι η αυτοσυγκέντρωση είναι για τους άλλους που έχουν διαφορετικές εμπειρίες.

Ή ίσως να μην έχεις αρκετή αυτοπειθαρχία.

Όποιος κι αν είναι ο λόγος, όποιες κι αν είναι οι εμπειρίες ή η έλλειψη εμπειριών, η αυτοσυγκέντρωση μπορεί ν' αλλάξει τη ζωή σου. Γι' αυτό ας δούμε για λίγο μερικές από τις αναστολές που μας εμποδίζουν να φροντίσουμε τον εαυτό μας, κι ύστερα να μάθουμε ορισμένα αποτελεσματικά εργαλεία.

Αν έχεις πειστεί πως δεν μπορείς να κάνεις λάθος στην αυτοσυγκέντρωση, έχεις δρομολογήσει την καθημερινή σου άσκηση αυτοσυγκέντρωσης.

τι με μπλοκάρει

Ακόμη κι αν αυτοσυγκεντρώνεσαι συχνά, πάλι θα υπάρχουν αναστολές

Αυτό συμβαίνει κάποτε σε όλες μας και είναι απόλυτα φυσιολογικό. Μας βοηθά να συνειδητοποιήσουμε τις καινούργιες αναστολές. Μας βοηθά όταν το μυαλό είναι τόσο κουρασμένο που ξεχνάμε να επιστρέψουμε στην κανονική μας αναπνοή και νομίζουμε ότι δεν αυτοσυγκεντρωθήκαμε σωστά.

Να ξέρεις ότι δεν είναι λάθος να μη θέλεις να αυτοσυγκεντρωθείς.

Και να θυμάσαι… δεν μπορείς να κάνεις λάθος αυτοσυγκέντρωση.

Ας σκεφτούμε μερικούς από τους λόγους που χρησιμοποιούμε για να αποφύγουμε την αυτοσυγκέντρωση.

Παρακολούθησέ με είτε αυτοσυγκεντρώνεσαι τακτικά, σποραδικά, σπάνια ή ποτέ. Είτε ακολουθείς την ενορατική αυτοσυγκέντρωση (γνωστή ως vipassana) είτε την επικεντρωτική, αναστοχαστική, υπερβατική ή οποιοδήποτε άλλο είδος αυτοσυγκέντρωσης.

Η αναζήτηση μέσα μας των προσωπικών απαντήσεων σ' αυτό το ερώτημα μπορεί να μας διαφωτίσει πολύ.

Γιατί αποφεύγουμε αυτό που είναι καλό για μας;

Όπου κι αν βρίσκεσαι στην πορεία σου προς την αυτοσυγκέντρωση, αφιέρωσε λίγα λεπτά για να σκεφτείς τις παρακάτω περιπτώσεις και βρες τους λόγους που σου ταιριάζουν προσωπικά.

Έλλειψη χρόνου
Αναβλητικότητα
Βαριέμαι
Αμφιβολία
Πολύ απασχολημένη
Υπερβολικά
δραστήριο μυαλό

Φόβος
Έλλειψη πειθαρχίας
Δεν λειτουργεί
σ' εμένα
Δεν μπορώ να
συγκεντρωθώ
Έλλειψη χώρου

Εμπόδια στην αυτοσυγκέντρωση

Πολλοί πριν από εσένα αντιμετώπισαν εμπόδια στην αυτοσυγκέντρωσή τους. Δεν είσαι λοιπόν η μόνη που προβάλλει αντιστάσεις.

Μετατρέποντας τα εμπόδια σε εφαλτήρια, αυτά μπορεί να γίνουν πολύτιμο εργαλείο για την αυτογνωσία. Συνειδητοποίησε αυτές τις αντιστάσεις. Παρατήρησε την αντίδρασή σου σ' αυτές όταν εμφανίζονται. Άφησε κατά μέρος τις αξιολογικές κρίσεις. Εδώ δεν υπάρχει σωστό και λάθος.

Δέχομαι όλα τα συναισθήματα
και τις σκέψεις που με κυριεύουν
σήμερα, καθώς μαθαίνω ν' αγαπώ
τον εαυτό μου... όπως είναι.

Παρατηρώντας στενά τις αντιδράσεις μας στα διάφορα είδη αντίστασης, αυξάνουμε την πειθαρχία μας. Αν, για παράδειγμα, νυστάζουμε αλλά παρ' όλα αυτά αυτοσυγκεντρωνόμαστε, μπορούμε αυτό να το εφαρμόσουμε στην καθημερινή μας ζωή. Το ίδιο συμβαίνει όταν, μολονότι νυστάζουμε, πηγαίνουμε στη δουλειά μας ή οδηγούμε ή καθαρίζουμε το σπίτι. Ξέρουμε ότι μπορούμε να τα κάνουμε όλα αυτά, παρά την αντίθετη διάθεσή μας.

Συγκεντρώνοντας την προσοχή μας σ' αυτό που αισθανόμαστε, το αίσθημα αποδυναμώνεται.

Σήμερα μετατρέπω την αντίστασή μου σε μάθημα βελτίωσης. Βελτιώνω τη δύναμη και τον αυτοέλεγχό μου καθώς μένω πιστή στη δέσμευσή μου να αυτοσυγκεντρωθώ σήμερα.

Πειθαρχία

Ο Scott Peck λέει ότι η τεμπελιά είναι το αντίθετο της αγάπης και η αυτοπειθαρχία είναι συνήθως αγάπη που γίνεται πράξη.

Πειθαρχία σημαίνει να κάνεις κάτι που *επιλέγεις* να κάνεις, βάζοντας αμέσως στην άκρη την ανταμοιβή για αργότερα. Πειθαρχία σημαίνει να παίρνεις μια απόφαση και να μην αλλάζεις γνώμη ό,τι κι αν συμβεί.

Καθώς διακρίνω την αντίστασή μου σήμερα, την αφήνω να δυναμώσει την απόφασή μου για αυτοσυγκέντρωση. Σήμερα αποφασίζω. Αισθάνομαι δυνατή εφόσον επιλέγω να είμαι υπεύθυνη για τη ζωή μου.

Επιθυμία για απολαύσεις των αισθήσεων

Πολλές από μας προσπάθησαν με διάφορους τρόπους να απομακρύνουν τη δυστυχία. Αντί να γευθούμε τα συναισθήματά μας, προσπαθήσαμε να τ' αλλάξουμε με χημικές ουσίες, φαγητό, ανθρώπους ή κοινωνικότητες.

Όταν έχεις ένα δυσάρεστο συναίσθημα ή μια κακή σκέψη για την αυτοσυγκέντρωση, μην προσπαθείς να τα διώξεις. Αν μείνεις με κάτι που δεν σ' αρέσει, αυτό θα χάσει τη δύναμη που έχει πάνω σου. Θα φύγει και θ' αφήσει χώρο για κάτι πιο ευχάριστο.

Σήμερα, όπως η νύχτα δίνει τη θέση της
στη μέρα και η μια εποχή δίνει τη θέση
της στην άλλη, εγώ μπορώ να
συμβιβαστώ
με αυτό που αισθάνομαι, ξέροντας
ότι τα συναισθήματα και οι σκέψεις
αλλάζουν όταν δεν τους αντιστέκομαι
αλλά τα δέχομαι όπως είναι.

μπορώ ν' αλλάζω συναισθήματα

Ώρα για... παιχνίδι

Ο ανώριμος εαυτός μας λέει ότι μπορούμε να παίξουμε. Δεν δικαιούμαστε κι εμείς λίγη διασκέδαση; Η εσωτερική μας φωνή θα κάνει τα πάντα για να μας πείσει να ψάξουμε τη διασκέδαση ή ν' αποφύγουμε τον πόνο. Καταφεύγει στην εκλογίκευση για να αποφύγει τα πράγματα που απαιτούν πειθαρχία.

Φυσικά δικαιούμαστε να περνάμε καλά. Αν όμως επιδιώκουμε μόνο αυτό, δεν θα βρούμε ποτέ ικανοποίηση. Η γαλήνη και η ικανοποίηση έρχονται μόνο από μέσα μας, και επιτυγχάνονται μόνο όταν έχουμε ηρεμία.

Δεν χρειάζεται πια να αποφεύγω
τα δυσάρεστα και οδυνηρά.
Μπορώ ν' αντιμετωπίσω ό,τι μου
συμβαίνει και να το επιλύσω.

Νομίζουμε ότι η ευτυχία έρχεται όταν βρούμε «αυτό»

Στην αρχή της αυτοσυγκέντρωσης πολλές αισθάνονται μια φυσική αισιοδοξία. Θα νομίζετε ότι έχετε βρει «αυτό», «αυτό» που αναζητούσατε όλη σας τη ζωή.

Είναι φυσικό, μετά από μερικές μέρες ή βδομάδες, η αυτοσυγκέντρωση να καταλαγιάσει. Άλλες μέρες θα σας ανεβάζει κι άλλες θα σας κατεβάζει. Καθώς θα χάνει τη γοητεία της, εσείς θ' αρχίσετε να αντιστέκεστε.

Όπως και η ζωή. Ηλιόλουστη, συννεφιασμένη ή και τα δύο μαζί.

Καθώς μαθαίνω να αισθάνομαι τη ροή
των αλλαγών, να απαλλάσσομαι
από την ανάγκη μου για αισιοδοξία αλλά
κι από την αντίστασή μου στην ακεφιά,
μαθαίνω να βρίσκω το ενδιάμεσο
μονοπάτι και το δέχομαι με γαλήνη.

Φόβος

Μερικές φορές ο φόβος μάς εμποδίζει να αυτοσυγκεντρωθούμε. Φοβόμαστε ότι θα ανακαλύψουμε τα μυστικά που κρατάμε κρυφά ακόμη κι από τον εαυτό μας. Αρνούμαστε να τα δούμε. Αρνούμαστε να τα μάθουμε.

Να ξέρετε πως ό,τι και να βρείτε, θα σας βοηθήσει. Ακόμη κι αν είναι αρνητικό ή καταστροφικό, είναι καιρός να αναγνωρίσετε ό,τι είναι, κι ύστερα να το αισθανθείτε και να το απελευθερώσετε. Να ξέρετε πως οτιδήποτε είναι αυτό που αρνείστε ν' αντιμετωπίσετε, σας κρατάει πίσω.

Σήμερα έχω το θάρρος που χρειάζομαι για να κοιτάξω μέσα μου. Δεν υπάρχει τίποτα που δεν μπορώ να καταφέρω αν έχω πίστη.

Δέσμευση

Πολλές από μας έχουν δυσκολία να δεσμευτούν για κάτι. Αν συχνά δεν έχουμε τηρήσει τις δεσμεύσεις μας, φοβόμαστε να δώσουμε υποσχέσεις. Έχουμε αισθανθεί ενοχή στο παρελθόν, όταν αθετήσαμε τις υποσχέσεις μας, και φοβόμαστε μήπως ζήσουμε ξανά το ίδιο συναίσθημα. Γι' αυτό τι κάνουμε; Αποφεύγουμε τη δέσμευση. Για να μη ρισκάρουμε να αισθανθούμε δυσάρεστα, πάμε στο άλλο άκρο κι αποφασίζουμε να μη δεσμευτούμε ποτέ ξανά.

Σήμερα αισθάνομαι γεμάτη ενέργεια
κι ενθουσιασμό για να τηρήσω
τη δέσμευσή μου για αυτοσυγκέντρωση.
Θα βρω τη θέληση και το κίνητρο
που χρειάζομαι.

Ο φόβος της αποτυχίας

Χάνουμε πολλά όμορφα πράγματα όταν επιλέγουμε να προστατέψουμε τον εαυτό μας από δυσάρεστα συναισθήματα. Αρνούμαστε τα καλά πράγματα γιατί φοβόμαστε ότι θα στενοχωρηθούμε αν δεν μπορέσουμε να τα συνεχίσουμε. Δεν παίρνουμε άλλα ρίσκα. Σταματάμε να ωριμάζουμε.

Ένας ήπιος τρόπος για να κάνουμε αυτή την αλλαγή είναι να δεσμευτούμε μόνο για πέντε λεπτά τη μέρα, μία μέρα την κάθε φορά. Μπορούμε να κάνουμε οτιδήποτε για πέντε μόνο λεπτά, ακόμη κι αν δεν μας αρέσει η σκέψη.

Σήμερα είμαι έτοιμη για μια δέσμευση που μπορώ να τηρήσω. Είμαι έτοιμη να αυτοσυγκεντρωθώ για τουλάχιστον πέντε λεπτά.

Μέτρο το μέτρο είναι δύσκολο. Πόντο τον πόντο είναι απλό

Η αυτοσυγκέντρωση είναι το σωστό πεδίο για να ασκηθούμε στην τήρηση των δεσμεύσεών μας. Καθώς ανακαλύπτουμε τα πλεονεκτήματα της αυτοσυγκέντρωσης, αυξάνουμε και το χρόνο που διαθέτουμε σ' αυτήν.

Όταν ανακαλύψουμε ότι η δύναμη δεν προέρχεται από μας, αλλά την αντλούμε από το ευρύτερο σύμπαν, ότι είμαστε απλός ένας δίαυλος, η ζωή γίνεται ελαφρύτερη, μία δέσμευση τη φορά.

*Μια ανώτερη δύναμη μου δίνει όλη
την ενέργεια και την καθοδήγηση
που χρειάζομαι για να ξεπεράσω
τις αντιστάσεις μου σήμερα. Είμαι ένας
ανοιχτός δίαυλος αυτής της δύναμης.*

Αλλά κάνω τόσες σκέψεις. Το μυαλό μου είναι τόσο απασχολημένο

Είναι απόλυτα φυσιολογικό να κάνω σκέψεις. Παρατήρησέ τες και γύρνα ξανά στις αναπνοές σου. Αν τις αντιληφθείς σαν να ήσουν παρατηρητής, οι σκέψεις σου θα είναι εκεί κι ύστερα θα φύγουν. Οτιδήποτε είναι αυτό που παρατηρείς —θόρυβος, σκέψη, πρόγραμμα, ανησυχία, συναισθήματα, πόνος, αυτολύπηση— συνειδητοποίησέ το, δώσε του όνομα, δέξου το και συνέχισε τις αναπνοές σου.

Καθώς παρατηρώ τη διαδικασία
της σκέψης μου, καλυτερεύω την
αυτογνωσία μου και την αποδοχή
του εαυτού μου. Καταλαβαίνω τώρα
ότι οι σκέψεις έρχονται και φεύγουν,
και μόνο εγώ μπορώ να τους δώσω
δύναμη.

Δεν μπορείς να κάνεις λάθος αυτοσυγκέντρωση!

Μόλις καταλάβεις αυτή την αλήθεια, η αυτοσυγκέντρωση αποκτά ένα εντελώς διαφορετικό νόημα. Ό,τι σου εμφανίζεται την ώρα της αυτοσυγκέντρωσης είναι ό,τι είναι αληθινό για σένα εκείνη τη στιγμή. Είτε είναι σκέψη, σφίξιμο, φαγούρα, θόρυβος ή οι στιγμές γαλήνης που τόσο επιθυμείς, μ' αυτό σχετίζεται η αυτοσυγκέντρωσή σου εκείνη τη στιγμή. Δεν μπορεί να είναι λάθος. Είναι αυτό που είναι. Η αλήθεια αυτής της στιγμής βρίσκεται σ' αυτόν το χωροχρόνο.

Η αυτοσυγκέντρωση είναι μια άσκηση

Όπως η μπαλαρίνα, ο ποδοσφαιριστής και ο πιανίστας ασκούνται καθημερινά για να αναπτύξουν την τεχνική τους, έτσι κι εμείς ασκούμαστε στο να συνειδητοποιούμε τι συμβαίνει αυτήν τη στιγμή.

Αποκτούμε καινούργιες δεξιότητες όταν κάνουμε την άσκησή μας. Σύντομα οι δεξιότητες αυτές θα γίνουν συνήθειες και μια ανεπαίσθητη αλλαγή συμβαίνει στη ζωή μας. Έχουμε μεγαλύτερη ηρεμία, λιγότερο άγχος, λιγότερη αντίδραση.

Σήμερα αποκτώ δεξιότητες που βελτιώνουν την ποιότητα της ζωής μου διανοητικά, σωματικά και ψυχικά.

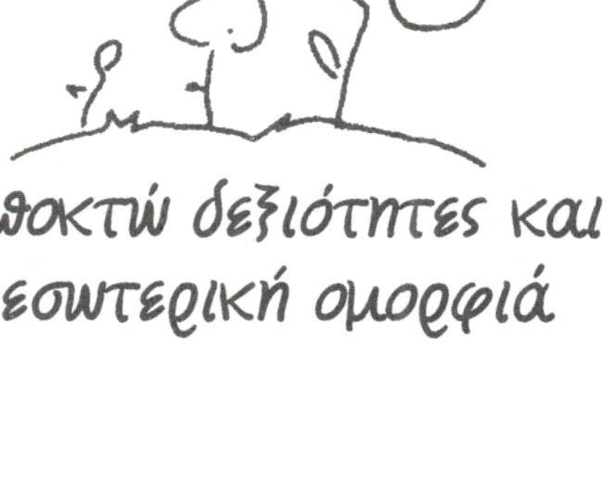

Αυτοσυγκέντρωση όταν δεν θέλεις να αυτοσυγκεντρωθείς

Θα υπάρξουν πολλά πρωινά που ξυπνάς, μουγκρίζεις και θέλεις να γυρίσεις στο άλλο πλευρό για πέντε λεπτά ακόμη. Η εσωτερική σου φωνή θα σου το δικαιολογήσει απόλυτα. Θα σου πει ότι δεν χρειάζεται να αυτοσυγκεντρωθείς σήμερα ή ότι αν χαθεί μια μέρα δεν πειράζει. Ύστερα, αν αυτό δεν πιάσει, θα σου πει ότι η αυτοσυγκέντρωση που κάνεις δεν φέρνει, έτσι κι αλλιώς, αποτέλεσμα, οπότε γιατί να χάνεις το χρόνο σου σε τέτοιες ανοησίες.

Αδράνεια

Όταν ξυπνάς το πρωί, είναι η καλύτερη ώρα να διαπιστώσεις την τεμπελιά που μας διακρίνει όλους. Μόλις συνειδητοποιήσεις αυτό το κομμάτι του εαυτού σου που θέλει πράγματι να κοιμηθεί και θα σου πει οτιδήποτε για να σε πείσει, θυμήσου ότι έχεις μια δέσμευση και δέξου αυτό το πολύ ανθρώπινο κομμάτι σου που τεμπελιάζει, χωρίς να το κρίνεις. Προσπάθησε να έχεις συνείδηση των σκέψεων που προηγήθηκαν των συναισθημάτων και σήκω από το κρεβάτι.

Σήμερα ξέρω ότι η εσωτερική μου φωνή ψάχνει να βρει έναν ευκολότερο τρόπο. Έχω όλη την ενέργεια που χρειάζομαι για να μείνω στον πνευματικό δρόμο και να βελτιώσω την αυτοσυγκέντρωσή μου.

Τα εμπόδια της κρίσης και της σύγκρισης

Καθώς αποκτούμε μεγαλύτερη συνείδηση της εσωτερικής μας φωνής, θ' ακούσουμε δικαιολογίες όπως...

«Οι άλλοι αυτοσυγκεντρώνονται καλύτερα από μένα».

«Δεν τα καταφέρνω καλά».

«Το κάνω λάθος».

Η καθεμιά μας αυτοσυγκεντρώνεται με το δικό της τρόπο. Αυτή είναι μια προσωπική άσκηση. Κανείς δεν μπορεί να μας πει αν είναι σωστή ή λανθασμένη. Δεν υπάρχει λοιπόν λόγος να κάνουμε αυτές τις κρίσεις.

Σήμερα χαμογελάω καθώς ακούω
την αρνητική εσωτερική μου φωνή
να συγκρίνει και να κρίνει.
Συνειδητοποιώ και δέχομαι ότι η
αυτοσυγκέντρωσή μου είναι τέλεια έτσι
όπως είναι, και κάνω ακριβώς αυτό που
χρειάζομαι αυτήν τη στιγμή.

Νευρικότητα

Η νευρικότητα μπορεί να οφείλεται σε διάφορους λόγους. Ξεκινάει πάντα από το μυαλό, με την εσωτερική φωνή. Ακόμη και πριν αρχίσουμε την αυτοσυγκέντρωση πιάνουμε τον εαυτό μας να σκέφτεται όλα τα άλλα που πρέπει να κάνουμε, όχι μόνο αυτά που μπορούμε να πετύχουμε στη διάρκεια της αυτοσυγκέντρωσης.

Ο εκνευρισμός και η ταραχή δυναμώνουν καθώς λέμε στον εαυτό μας πως δεν έχουμε χρόνο για αυτοσυγκέντρωση, πως θα *έπρεπε* να κάνουμε κάτι άλλο.

Σήμερα δέχομαι όλη τη νευρικότητα και τον εκνευρισμό που με καταλαμβάνει στη διάρκεια της αυτοσυγκέντρωσης, γιατί ξέρω ότι μετά απ' αυτό έρχεται η γαλήνη.

Αμφιβολία

Η αμφιβολία είναι ένα από τα μεγαλύτερα εμπόδια στην αυτοσυγκέντρωση. Η εσωτερική μας φωνή παρεμβαίνει:

«Αυτό δεν έχει νόημα».

«Μπορεί να λειτουργεί στους άλλους αλλά όχι σε μένα».

«Τα κατάφερα την περασμένη βδομάδα αλλά δεν θα τα καταφέρω τώρα».

«Δεν πρόκειται να τα καταφέρω ποτέ».

Να ξέρεις ότι δεν είσαι μόνη σου και απλώς μείνε με την αμφιβολία σου, εξετάζοντας ταυτόχρονα πώς αισθάνεσαι και πώς αντιδράς σ' αυτό. Δέξου αυτή την κατάσταση όπως είναι.

Κι άλλα εμπόδια

Η αναβολή (θα το κάνω αύριο) κι άλλες δικαιολογίες, όπως...

«Δεν το χρειάζομαι. Είμαι απόλυτα υγιής και προσαρμοσμένη».

«Είμαι πολύ άρρωστη».

Τώρα που οι δικαιολογίες έφυγαν, τουλάχιστον προς το παρόν, έχεις μάθει πως ακόμη κι αν έχεις μια δικαιολογία, δεν χρειάζεται να ενδώσεις σ' αυτήν. Μπορείς να την προσέξεις και να προχωρήσεις.

Αν θέλεις μπορείς να γράψεις σε κασέτα την παρακάτω διαδικασία αυτοσυγκέντρωσης και να την ακολουθείς μέχρι που να μη χρειάζεσαι πια την κασέτα. Πρόσφερε στον εαυτό σου το δώρο αυτών των λίγων στιγμών. Κάν' το για την ανταμοιβή, σαν άσκηση πειθαρχίας, σαν διάλειμμα ή χωρίς άλλο λόγο παρά μόνο...

για τη γαλήνη...

και την αγάπη...

του εαυτού σου!

Μια απλή αυτοσυγκέντρωση

Κλείσε τα μάτια σου... πολύ απαλά.

Μείνε λίγα λεπτά... συγκεντρώνοντας *όλη σου* την προσοχή στην αναπνοή σου... καθώς ο αέρας μπαίνει και βγαίνει από τη μύτη σου. Παρακολούθησε για λίγο την αναπνοή σου.

Τώρα στρέψε *όλη σου* την προσοχή στην κορυφή του κεφαλιού σου και νιώσε τη χαλάρωση να απλώνεται σε όλο το κρανίο σου... Χαλάρωσε το μέτωπό σου... και φέρε τη χαλάρωση στους μυς γύρω από τα μάτια...

Νιώσε τη χαλάρωση να κυλάει στα κόκαλα και τους μυς του προσώπου σου... ιδιαίτερα γύρω από το σαγόνι. Νιώσε πόσο απαλό είναι το στόμα σου έτσι όπως κλείνει μαλακά.

Χαλάρωσε το λαιμό σου... κι άφησε όλη την ένταση... όλο το άγχος... να κυλήσει στον αυχένα σου... να κατέβει στους ώμους... στα μπράτσα... τους καρπούς... τα χέρια... νιώσε όλη την πίεση... και το άγχος... να κυλούν στα δάχτυλα... κι ύστερα να εγκαταλείπουν το σώμα σου.

Τώρα φέρε τη χαλάρωση στο στήθος σου...

κάτω στο διάφραγμά σου... να διαπεράσει όλες τις πτυχές του στομαχιού σου... Νιώσε την ένταση να κατεβαίνει... σ' όλη τη σπονδυλική σου στήλη... Να περνάει τους γοφούς... τους μηρούς... Να κυλάει από τα γόνατα στους αστραγάλους... και να φεύγει από τ' ακροδάχτυλα...

Τώρα εισπνέοντας φέρε τη χαλάρωση σε όποιο μέρος του σώματος νιώθεις ακόμη σφιγμένο.

Τώρα συγκέντρωσε *όλη σου* την προσοχή πάλι στην αναπνοή σου... καθώς αναπνέεις από τη μύτη.

Παρατήρησε την αναπνοή σου... αν είναι ζεστή ή κρύα... αν την αισθάνεσαι περισσότερο στη μία πλευρά της μύτης από την άλλη... Δέξου την έτσι όπως είναι. Είναι βαθιά; Ή επιφανειακή; Είναι βαριά ή απαλή; Την αισθάνεσαι στο δέρμα γύρω από τη μύτη;

Μάθε όλα τα χαρακτηριστικά της αναπνοής σου στα επόμενα λεπτά. Παρατήρησε τις σκέψεις... καθώς έρχονται στο μυαλό σου... Χωρίς να κρίνεις αν είναι σωστές ή λανθασμένες... απλώς πρόσεξέ τες... και γύρνα πάλι στην αναπνοή σου.

Είναι πολύ φυσιολογικό να έχεις κάποιες σκέψεις. Συμβαίνει σε όλους. Σκέψεις... συναισθήματα... σωματικό πόνο... φαγούρα... γέλιο.

Μελλοντικά σχέδια, αναμνήσεις από το παρελθόν, συναισθήματα... όλα εμφανίζονται ως φυσική διαδικασία της αυτοσυγκέντρωσης. Απλώς δέξου αυτά που βλέπεις κι αισθάνεσαι κι ακούς. Πρόσεξέ τα. Στρέψε *μόνο* την προσοχή σου σ' αυτά. Ύστερα γύρνα, χωρίς προσπάθεια, στην αναπνοή σου.

Παρακολούθησε την αναπνοή σου καθώς αρχίζει να μπαίνει από τη μύτη σου, μέχρι να μπει εντελώς.

Μετά παρακολούθησέ την καθώς αρχίζει να βγαίνει, μέχρι να βγει εντελώς.

Μείνε τώρα για λίγα λεπτά... αυτοσυγκεντρώσου. Κάθε φορά που εισπνέεις... εισπνέεις *ισχυρή θετική ενέργεια*... Καθώς εκπνέεις, αδειάζεις όλα τα αρνητικά... την ένταση... το άγχος... και κάνεις χώρο για να μπει περισσότερη θετική ενέργεια.

Φέρε ξανά για λίγα λεπτά όλη την προσοχή σου στην αναπνοή. Να ξέρεις ότι αυτό που μπαίνει μέσα είναι τέλειο. Μείνε συγκεντρωμένη στην αναπνοή σου, οτιδήποτε κι αν σε απομακρύνει απ' αυτήν. Μείνε σ' αυτήν τη θέση για όση ώρα θέλεις, και όταν είσαι έτοιμη, μέτρησε μέχρι το πέντε και άνοιξε σιγά σιγά τα μάτια σου.

ΤΟ ΒΙΒΛΙΟ ΤΗΣ RUTH FISHEL *ΒΡΕΣ ΧΡΟΝΟ ΓΙΑ ΤΟΝ ΕΑΥΤΟ ΣΟΥ!* ΣΕ ΜΕΤΑΦΡΑΣΗ ΤΗΣ ΗΡΩΣ ΤΡΙΑΝΤΗ ΚΑΙ ΔΙΟΡΘΩΣΕΙΣ ΤΗΣ ΚΑΙΤΗΣ ΧΟΡΤΗ ΣΕΛΙΔΟΠΟΙΗΘΗΚΕ ΑΠΟ ΤΟΝ ΝΤΙΜΗ ΚΑΡΡΑ ΟΠΟΥ ΕΓΙΝΑΝ ΚΑΙ ΤΑ ΦΙΛΜ. Η ΕΚΤΥΠΩΣΗ-ΒΙΒΛΙΟΔΕΣΙΑ ΕΓΙΝΕ ΑΠΟ ΤΗΝ ΕΥΡΩΤΥΠ ΑΕ ΤΟ ΜΑΪΟ ΤΟΥ 2005 ΓΙΑ ΛΟΓΑΡΙΑΣΜΟ ΤΩΝ ΕΚΔΟΣΕΩΝ ΚΡΙΤΙΚΗ